Hanna Heinrich

Ein Garten
den Löwen

Franckh-Kosmos

Die Deutsche Bibliothek – CIP-Einheitsaufnahme

Ein **Garten für den Löwen** / Hanna Heinrich. – Stuttgart:
Franckh-Kosmos, 1996
ISBN 3-440-07087-5

ISBN 3-440-07087-5
Printed in Italy/Imprimé en Italie
Konzeption und Produktion: AMS Autoren- und MedienService, Reute
Gestaltung und Layout: AMS/NeufferDesign, Freiburg i. Br.
Cheflektorat: Jutta Hamberger
Einbandgestaltung: Atelier Reichert, Stuttgart, unter Verwendung
einer Zeichnung von Christoph Wetzel und eines Fotos von Reinhard Tierfoto
Reproduktion: PS Printshop Schimann GmbH, Ingolstadt
Druck und Bindung: Printer Trento S.r.l., Trento, Italien

Bildnachweis
Illustrationen: Archiv NeufferDesign, Freiburg i. Br.
Fotos: allover Bildarchiv, Kleve. Die Einzelnachweise beziehen sich auf Seitenzahlen. allover 16 oben, 23, 32, 33, 39, 41, 43, 44, 45, 47, Jürg Blatter 37, Julian Cotton 7, Andreas Dahlmeier/Jens Nagels 28, Martina Fosshag 4, Wilfried Gohsens 48, 49, Ferdinand Jendrejewski 19, Stefan Kälberer 51, 56, Barbara Kirchhof 8, 18, 22, Ulrich Kneise 31, Udo Kröner 30, Karl Lang 9, Frank Neumann 20, Jörg Parsick-Mathieu 21, Roberto Petrin 17, Axel Roll 13, Uwe Schmid 27, Jo Scholten 14, Georg Schreiber 53, Wolfram Schroll 12, 40, Dieter Steffen 6, Marco Stirn 10, 16 unten, 25, 36, Peter Warren 11, Tom Weber 35, Stefan Ziese 5

Inhalt

Astrologie im Garten

Es gibt viele Möglichkeiten, einen Garten zu gestalten: Sie können für teures Geld einen „Garten-Designer" bestellen, der Ihnen die Arbeit gänzlich aus der Hand nimmt. Sie können natürlich auch auf gut Glück pflanzen, säen und setzen, was nicht selten zu enttäuschenden Ergebnissen (und Garten-Erlebnissen) führt. Sie können probieren, experimentieren und im Lauf der (Jahres-) Zeiten zum versierten Gartenprofi werden – oder die Freude an Ihrem großartigen „Stückchen Natur" womöglich völlig verlieren.

Es gibt allerdings noch eine weitere, interessante und vor allem individuelle, wenngleich originell-unkonventionelle Möglichkeit, sich diesem Thema zu nähern: Mit Hilfe der Sterne können Sie sich Ihren ganz persönlichen Astro-Garten sozusagen „maßschneidern". Denn Bäume, Pflanzen, Blumen, Kräuter usw. lassen sich den jeweiligen Tierkreiszeichen nach typischen (kosmischen) Merkmalen zuordnen. Ebenso wie Farben, Formen und Düfte usw.

Braucht Platz und etwas zum „Herzeigen": der Löwe

Dieses Büchlein schlägt – und das ist neu – eine Brücke zwischen Sternenweisheit und Garten-Einmaleins. Lassen Sie sich animieren und inspirieren, und schöpfen Sie aus der Fülle des kosmisch-astrologischen Angebots. Entdecken Sie Ihren Astro-Garten, lernen Sie ihn kennen und lieben. Die Sterne stehen jedenfalls zu Ihrer Verfügung. „Stöbern" Sie aufgrund Ihres Tierkreiszeichens (aber auch anhand Ihres Aszendenten) in „Mutter Natur", damit Ihr Garten zur Lust- und nicht zur Frustquelle wird.

Kleine Charakterkunde

Löwe

23. Juli bis 23. August
Herrscherplanet: Sonne
Element: Feuer
Zweites (stabilisierendes) Sommerzeichen
Körperbezug: Rücken, Herz, Kreislauf
Farbe: Gold, Orange, leuchtende Farben
Stärke: Mut, Organisationstalent
Schwäche: Stolz, Egozentrik

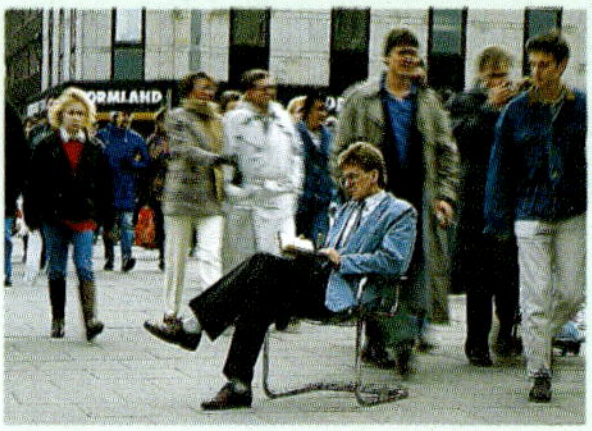

Schaut her, ich bin's. Der Löwe spielt gern die tragende Rolle

Typisch Löwe

Die Sonne als Lebensquelle unseres Universums ist gleichzeitig der „Stern" (bzw. Herrscher-Planet) der Löwen. Wen sollte es da noch wundern, daß männliche wie weibliche Löwen vor Vitalität und Dynamik nur so strotzen? Und daß sie ein besonders ausgeprägtes Selbstvertrauen besitzen? Sie sind wirklich stolz auf sich und ihre Fähigkeiten, wozu diese „Sonnen-Menschen" in der Regel auch allen Grund haben. Vorausgesetzt, die positiven Eigenschaften werden kultiviert. Allen Löwen wurden Führungsqualitäten und Machtansprüche in die Wiege gelegt, aber auch Güte, Großzügigkeit

Der Löwe ist gern von der Sonne bestrahlt

und Beschützerinstinkte. So kommt es, daß Löwen ein Herz für Schwächere und vom Schicksal Benachteiligte entwickeln. Mitmenschen, die sie persönlich unter ihre Fittiche nehmen, haben nichts mehr zu befürchten. Herr und Frau Löwe haben gewöhnlich genug Wärme (und meist auch die finanziellen Mittel) für alle. Sämtliche Gaben werden gerecht und üppig verteilt.

Heiß, trocken und sonnig – so liebt es der Löwe

Keine Sorge, bei aller Wohltätigkeit kommt man selbst natürlich auch bestens zurecht. Und was spricht dagegen, daß Löwen es lieben, wenn man ihnen Bewunderung und Aufmerksamkeit zollt? Auch in Sachen Liebe. Sind sie doch die Partner, die einen auf Händen tragen, die Sterne vom Himmel holen usw.

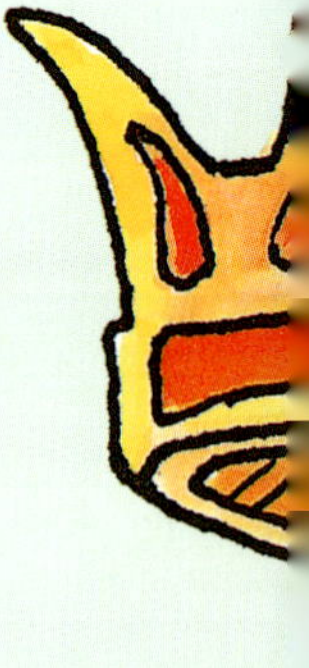

Typische Löwen lassen sich niemals lumpen und verwöhnen ihre Liebsten nach allen Regeln der Kunst. Und die Herren sind noch Kavaliere der alten Schule.

Wie erwähnt, sind alle waschechten Löwen geborene Vorgesetzte und dabei sehr sozial. Die Führungsqualitäten, die diesen herzlichen und stolzen Wesen in die Wiege gelegt wurden, müssen ja irgendwie umgesetzt werden. Das ist vermutlich auch der Hauptgrund, weshalb man diese kraft- und anspruchsvollen Erdenbürger so selten in den unteren Etagen findet. Löwen sind eben mit gesundem Ehrgeiz, gehobenen Ansprüchen und mit Ausdauer gesegnet. Darüber hinaus müssen sie ein Geheimrezept für den sicheren Erfolg haben, was sicher nicht von ungefähr kommt. Denn immerhin ist der typische Löwe ja auch bereit, Verantwortung zu tragen – für sich und die anderen.

Keine Angst vorm Risiko. Der Löwe wagt gern ein Spielchen

Wie dem auch sei, „Eitel Sonnenschein" ist ein löwe-typisches Grundbedürfnis. Und unter diesem Tierkreiszeichen Geborene wissen besser als andere, wie er verbreitet wird. Je mehr Zeitgenossen sich an den Löwe-Qualitäten „sonnen", desto besser.

Kleine Partnerkunde

Im Überschwang der Gefühle den Partner erobern

Der Löwe und die Liebe

Frau Löwe zählt zu den stolzesten und anspruchsvollsten Evas im Tierkreis. Und es liegt auf der Hand, daß sie sich auch in Sache Liebe mit dem „Durchschnitt" nicht zufrieden gibt. Ob Liebhaber oder Ehepartner, Frau Löwe erwartet, will und gibt alles. Wer immer sich traut, dieser Schönen den Hof – oder gar einen Antrag – zu machen, sollte beizeiten prüfen, ob er den Ansprüchen der Löwe-Dame auf Dauer gerecht werden kann: gepflegtes Äußeres, weltmännisches Auftreten, Charme, Leidenschaft, ein gepolstertes Bankkonto usw. Denn nicht nur die Liebe, auch das Leben will in vollen Zügen genossen sein. Herren, die das Zertifikat „ehetauglich" und das Ja-Wort erhalten haben, werden es dennoch nicht zu bereuen haben. Die Löwin hat ein großes Herz, jede Menge Gefühl und zieht in erotischer Hinsicht höchst raffinierte und verführerische Register.

Herr Löwe ist noch ein Kavalier der alten Schule, der weiß, was Frauenherzen wünschen. Seine Großzügigkeit ist umwerfend. Wenn er seine Liebste zum Essen ein-

Die innige Zweisamkeit darf natürlich nicht fehlen

lädt, sollte sie sich in Schale werfen. Denn das beste Haus am Platz ist gerade gut genug. Und wenn er um ihre Hand anhält, dann hat das Stil und Format. Ganz zu schweigen von dem „kleinen Juwel“, das er nebenbei überreicht! Die Lobeshymne auf diesen Rosenkavalier kann man jedoch nicht ausklingen lassen, ohne auf die Schattenseite hingewiesen zu haben: die leidige Eifersucht. Überall darf die Gattin des Löwen fünf gerade sein lassen. Wenn sie den Haushalt mal nicht schafft, kein Problem. Der Gemahl packt mit an – oder engagiert eine Putzfrau. Oder wenn die Kinder mal zuviel sind, auch kein Thema. Dann

badet er eben die lieben Kleinen. Nur wenn sie es mit der Treue nicht genau nimmt, „sieht er rot". Denn nichts kränkt den männlichen (und weiblichen) Löwe-Stolz mehr als der Verdacht, daß es neben ihm noch andere Super-Männer geben könnte.

Wer ist der/die richtige Partner(in)?

Erotische Ausstrahlung und Anziehung – typisch Löwe

Mit einem Widder kommt nicht nur Schwung, sondern auch Glück ins Liebesleben. Und einen Schützen sollte der Löwe ebenfalls nicht vorüberziehen lassen. Dies „Gespann" wäre ein Herz und eine Seele. Ein Wassermann ist hingegen nicht ideal, er hat keinen Respekt vor „Autoritäten". Und mit einem Skorpion kann es auch Probleme geben, der Eifersucht wegen. Dann doch lieber eine Waage oder einen Zwilling, Optimismus und Abwechslung stehen dann auf der Tagesordnung. Ein Fisch wäre nicht schlecht, braucht aber viel Geduld. Das gilt auch für den Krebs-Partner. Zwei Löwen unter sich? Das kann einige Reibereien geben, was die „Führungsposition" betrifft. Jungfrau und Steinbock wären nicht zu verachten, wollen aber aus der Reserve gelockt werden. Und der Stier? Sein Dickkopf bringt jeden Löwen auf die Palme.

Der Aszendent

Nicht nur das Tierkreiszeichen, auch der Aszendent prägt den Charakter wesentlich. Die Sonne steht für das Ziel, der Aszendent für den Weg. Die Aszendent-Sonne-Mischung zeigt, wie das Leben gelebt und gemeistert wird, zwischen Harmonie und Herausforderung.

Gigantische Naturschauspiele faszinieren den Löwen

Löwe mit Feuer-Aszendent Widder/Löwe/Schütze

In dieser stolzgeschwellten Löwe-Brust schlägt ein warmes und weiches Herz. Was natürlich nicht bedeutet, daß sich diese Charaktere die Butter vom Brot nehmen lassen. Im Gegenteil. Sie wissen nicht nur, was sie (bekommen) wollen, sondern auch, wer sie sind! Doch bei allem Selbstbewußtsein und aller Dynamik, die diese Menschen zum Erfolg führen, haben sie eben auch viel (Mit-) Gefühl. Das wird vermutlich auch der Grund dafür sein, daß diese Löwe-Spezies oft besondere Beliebtheit genießt – und ihre Führungsqualitäten meist ungehindert entfalten kann.

Ein Garten für den Löwen

Der Schloßpark für den „majestätischen" Löwen

Löwe mit Erd-Aszendent Stier/Jungfrau/Steinbock

Das feurige Temperament des Löwen wird durch diesen Aszendenten ein wenig gedämpft. Erdverbundenheit und Bodenständigkeit sind stärker ausgeprägt. Für den beruflichen und gesellschaftlichen Aufstieg wird keine Mühe gescheut. Dabei kann es passieren, daß die schönen Dinge des Lebens zu kurz kommen. Und auch Äußerlichkeiten mißt der Löwe gelegentlich zu viel Bedeutung bei.

Löwe mit Luft-Aszendent Zwillinge/Waage/Wassermann

Bei diesen Löwen handelt es sich sozusagen um Power-Typen mit Charme und jeder Menge Unternehmungsgeist. Doch letzterer wird nicht immer zielbewußt eingesetzt. Mit der Ausdauer kann es ebenso hapern wie mit der Zuverlässigkeit. Man kann diesen Charakteren jedoch nicht viel übelnehmen. Sie betören ihre Mitmenschen spielerisch: mit Herz, Witz und Esprit.

Die Sonne ist der Herrscher-Planet des Löwen

Löwe mit Wasser-Aszendent Krebs/Skorpion/Fische

Vom Erfolg verwöhnt und karrierebewußt, der Löwe

Diese Löwe-Geborenen kommen meist auf Samtpfötchen daher und können die Sympathien ihrer Mitmenschen schnell erringen. Obgleich auch diese Charaktere anspruchsvoll sind und klare Zielvorstellungen haben, können sie sich zurücknehmen. Sie vertreten ihre Interessen eher auf diplomatische und sanftere Weise.

Ein Rosenstrauch läßt das Löwe-Herz höher schlagen

Aszendenten-Tabelle für den Löwen

I. Dekade 23.7.-2.8.	II. Dekade 3.-12.8.	III. Dekade 13.-23.8.	
03.01 - 05.30	02.18 - 04.46	01.31 - 04.03	Krebs
05.31 - 08.17	04.47 - 07.34	04.04 - 06.50	Löwe
08.18 - 11.04	07.35 - 10.21	06.51 - 09.38	Jungfrau
11.05 - 13.52	10.22 - 13.08	09.39 - 12.25	Waage
13.53 - 15.39	13.09 - 15.55	12.26 - 15.12	Skorpion
15.40 - 19.08	15.56 - 18.25	15.13 - 17.41	Schütze
19.09 - 20.55	18.26 - 20.12	17.42 - 19.29	Steinbock
20.56 - 22.07	20.13 - 21.24	19.30 - 20.40	Wassermann
22.06 - 23.02	21.25 - 22.19	20.41 - 21.36	Fische
23.03 - 23.57	22.20 - 23.14	21.37 - 22.31	Widder
23.58 - 01.09	23.15 - 00.26	22.32 - 23.42	Stier
01.10 - 03.00	00.27 - 02.17	23.43 - 01.30	Zwillinge

Das Sternen-Kind

Der kleine Löwe (23.7.–23.8.)

Kleiner Fratz mit viel Herz und Selbstbewußtsein

So, nun ist es also da, das kleine (und zugleich große) Löwe-Baby. Und wie immer die häuslich-familiäre Ordnung bislang geregelt gewesen sein mag: von jetzt an ist dieses Sonnen-Kind der Mittelpunkt der Familie. Da gibt es zunächst zahlreiche schlaflose Nächte, weil „kleine Majestäten" ihre Rechte rund um die Uhr durchsetzen. Dann kommen die Zähne, mit viel Gebrüll, versteht sich, denn Löwen leiden furchtbar – auch schon die ganz kleinen. Kurz: Klein Löwchen kann ein echter Tyrann sein, der macht, was er will. Im Idealfall stimmen die kindlichen und elterlichen Ziele überein. Und das ist natürlich wunderbar! Fragt sich nur, wie oft.

Sträuben sich Ihnen bei der Lektüre die Nackenhaare? Also, wir wollen ja nicht übertreiben. Aber Tatsache ist, daß Mini-Löwen es in sich haben – und das vor allem auch in positiver Hinsicht! Es ist zum Beispiel unwahrscheinlich, wieviel Ruhe und Herzlichkeit dieser kleine Wonneproppen ausstrahlen kann. Und Junior entwickelt schon

Immer der Größte – auch im zarten Kindesalter

sehr früh fürsorgliche und verantwortungsvolle Eigenschaften sowie Führungsqualitäten. Deshalb übernimmt dieser Sprößling auch gern das Kommando. Daß er/sie die Trotzphase kaum überwunden hat, stört den kleinen Löwen nicht. Es ist nicht nur süß, wenn so ein kleines Windelpaket „das Ganze“ hat, es ist auch wichtig, daß der königliche Ableger seinen starken Willen ausleben darf. Sie können es sich vielleicht noch nicht vorstellen, aber viel, viel später verwandelt sich der überaus selbstbewußte Wirbelwind, der übrigens auch keinen Machtkampf scheut, in eine großzügige, soziale und gefühlsstarke Persönlichkeit.

Löwe-Junior ist stark und weiß, was er (sie) will

In der Schule entpuppt sich der stolze Nachwuchs oftmals als Rudelführer. Denn junge Löwen sind gerecht und haben stets ein Herz für die Schwächeren. Es gibt eigentlich nur eines, worauf fürsorgliche Eltern achten müssen: Dieses Goldkind verlangt sich überdurchschnittliche Leistungen ab. Und das hat häufig herbe Enttäuschungen und entsprechend „dramatische Auftritte" zur Folge. Es muß begreifen, daß man seine Kräfte nicht ununterbrochen vergeuden kann. Und dies wird vermutlich die schwerste erzieherische Aufgabe sein. Alles andere regelt der kleine Super-Löwe sowieso im Alleingang. Das gilt natürlich auch für das spätere Erwachsenen-Leben. Eltern von Löwe-Kindern sollten sich vor allem rechtzeitig daran gewöhnen, daß sie vor vollendete Tatsachen gestellt werden – und die Tatsache mit Fassung tragen.

Je höher die Sprünge, desto besser

Der Garten für das Löwe-Kind

Kleine Löwen sind schon in ganz jungen Jahren etwas anspruchsvoller als Kinder anderer Tierkreiszeichen. Und auch was die kindlichen Garten-Vorstellungen betrifft, melden „kleine Majestäten“ beizeiten ihre Wünsche an. Nun muß es natürlich nicht gleich ein kleiner Schloßpark für den königlichen

Ableger sein. Doch Mini-Löwen haben nun einmal eine Schwäche für den „gehobenen Standard“, wenn nicht gar für Spielplatz-Artikel der Luxusklasse. Und daran führt eben kein Weg vorbei.

Doch keine Sorge. Die Schaukeln und Rutschen müssen deshalb nicht vergoldet sein, sondern, wie üblich, handfest und stabil. Denn Klein Löwchen ist meistens sehr lebhaft und überaus bewegungsbedürftig und für gewöhnlich in Gesellschaft seiner Kindergarten- bzw. Schulkameraden. Da muß die Belastbarkeit der Geräte und Utensilien schon gewährleistet sein.

Der Löwe-Knirps kann alles – und lacht so gern

Wenn der elterliche Garten allerdings die eine oder andere Besonderheit aufzuweisen hat, wie zum Beispiel einen großen und soliden Swimmingpool, an dem man seine Freunde großzügig bewirten und natürlich beeindrucken kann, dann ist der kleine Löwe mit sich und der Welt – und natürlich seinem Garten – voll und ganz zufrieden.

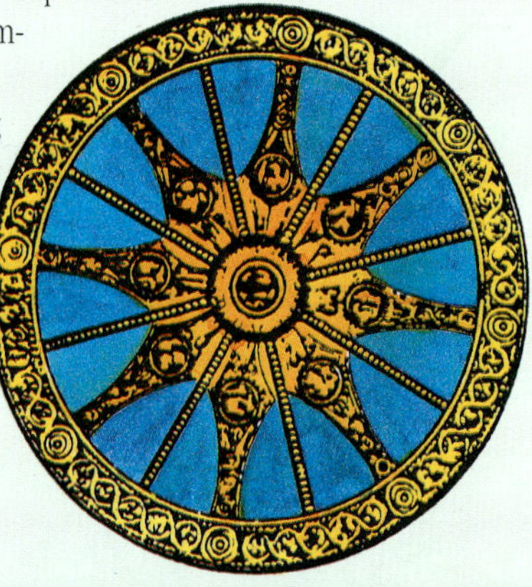

Was den Löwen glücklich macht

Des Löwen Garten-Philosophie

Den Löwen haben wir bisher als großzügiges, stolzes und warmherziges „Pracht-Exemplar“ kennengelernt. Speziell jenen, der seinen Aszendenten im Feuer-Element – Widder, Löwe und Schütze – hat. Und nach diesen groben Kriterien wird der typische „Sonnen-Mensch“ sicherlich auch mit seinem Garten umgehen und diesen entsprechend gestalten (lassen). Dieser Löwe-Typus wird jedenfalls keine Kosten scheuen, um aus seinem Fleckchen Erde einen kleinen Schloßpark zu zaubern.

Der „luftige“ Löwe schwärmt für bunte Frühlingsblumen

Dabei ist jedoch nicht die Größe allein der entscheidende Faktor, sondern die Kostbarkeit und Besonderheit von Blumen und Pflanzen. Dieser Garten zeigt eben etwas her. Und wenn vorüberspazierende Zeitgenossen ihre bewundernden oder gar neidischen Blicke kreisen lassen, ist der typische Löwe zufrieden. Unter nützlichen Gesichtspunkten betrachtet er seinen Garten übrigens nicht unbedingt. Mutter Natur dient eher der üppigen und prachtvollen Dekoration.

Von Gold über Orange bis hin zu Rot – die Löwe-Farben

Blütenvielfalt und Farbenpracht

Auch der „luftige" Löwe – also mit Zwillinge-, Waage- und Wassermann-Aszendent – wird den Obst- und Gemüseanbau im eigenen Garten nur mit verhaltener Begeisterung in Angriff nehmen, wenn überhaupt. Dieser Löwe-Typus legt eher Wert auf die Optik. So wird man in diesem Garten wohl Blühendes in allen Formen und Farben vorfinden, und zwar die ganze Gartensaison über. Der luftbetonte Löwe fühlt sich in

einem gepflegten, kultivierten und noblen Garten am wohlsten – und seine Gäste natürlich auch, die er gern und zahlreich empfängt. Der Hang zum Besonderen und Außergewöhnlichen ist nicht zu übersehen und wird sich in der Flora, die seinen Garten ziert, mit Sicherheit widerspiegeln. Auch hier darf guter Geschmack ruhig

Farbenfrohe Eleganz. Die Fresie liegt dem Löwen

etwas teurer sein. Denn der Garten soll nicht nur Freude, sondern auch Eindruck machen. Von mehrjährigen Pflanzen hält dieser Löwe vermutlich nicht allzu viel. Das ist ihm schlicht zu langweilig. Und Abwechslung muß hier unbedingt sein.

Prunkvoll oder praktisch?

Das ist beim Löwe-Geborenen mit einem Aszendenten im Erd-Element – Stier, Jungfrau und Steinbock – sicherlich die Frage. Der Löwe seinerseits ist zwar anspruchsvoll, doch der Erd-Einfluß prägt auch Bescheidenheit aus. Im günstigsten Fall wird diese Löwe-Spezies einen optimalen Kompromiß zwischen Zier- und Nutzgarten finden. So kommt das Auge auf seine Kosten und der praktische Aspekt dennoch nicht zu kurz. Da dieser Löwe-Typus einen guten Draht zu Mutter Natur hat und auch über Ausdauer verfügt, wird er natürlich gern in die Rolle des passionierten Hobby-Gärtners schlüpfen. Und die Ernte aus der gut sortierten und liebevoll gepflegten Gemüseecke ist sein ganzer Stolz. Selbstverständlich kann sich speziell auch der Vorgarten sehen lassen. Er sollte wie aus dem Ei gepellt sein. Und sicherlich wachsen hier auch viele erlesene Blumen, die die Blicke auf sich ziehen.

Zwischen Romantik und Power

Hat der Löwe einen Aszendenten im Wasser-Element – also Krebs, Skorpion oder Fische –, dann wird aus dem „Schloßpark" eher ein behaglich-gemütlicher „Kuschelgarten". Obgleich dieser Löwe-Typus die Gartenarbeit nicht unbedingt erfunden hat, wird er seinem Stückchen Erde dennoch die nötige Pflege angedeihen lassen, denn hier will er sich schließlich gründlich erholen und entspannen. Und dazu bedarf es eben auch einer ansprechenden Optik. Sofern unser Klima es zuläßt, wird der „wäßrige" Löwe sicher eine

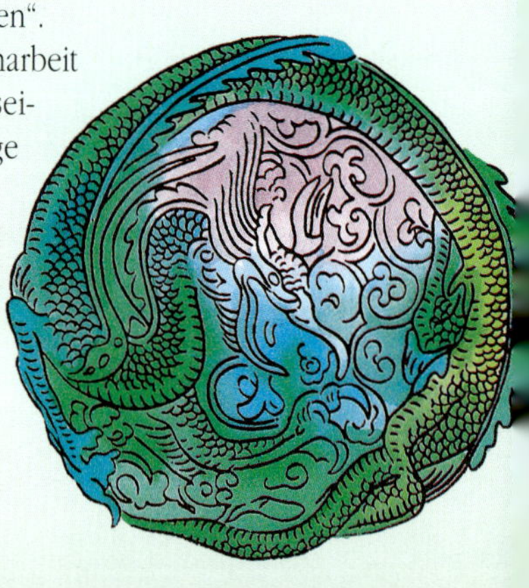

Der „wäßrige" Löwe neigt zu Romantik im Garten

Schwäche für eine exotische Flora haben. Außerdem sollte dieser Garten eine gediegene Mischung aus Romantik und Power ausdrücken. Zum Beispiel zarte und liebliche Blüten auf üppig wachsenden Sträuchern und Büschen. Eine Hecke, die Nachbarn und Passanten ein wenig ausgrenzt, wäre auch nicht schlecht. Denn gerade dieser Löwe-Typus sitzt nicht so furchtbar gern auf dem Präsentierteller.

Edelsteine für den Löwen

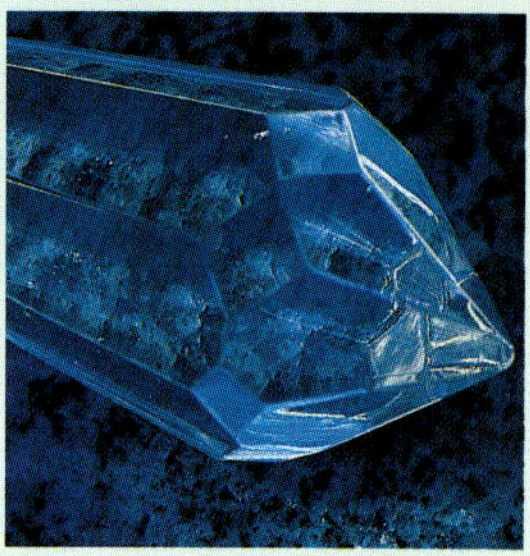

Der König der Edelsteine, der Diamant, für den König der Tierkreiszeichen, den Löwen

Der König der Edelsteine

Für den typischen Löwen ist das Beste bekanntlich gerade gut genug. Und was die Edelsteine betrifft, kommt natürlich auch nur einer der schönsten und erlesensten in Frage: nämlich der Diamant. Er ist außerdem der härteste aller Steine. Geschliffen zeigt der Diamant eine hohe Lichtbrechung. Er symbolisiert die Sonne, die Einheit, das Göttliche und nicht zuletzt die Reinheit. Diesem edlen Stein werden starke Heilkräfte zugesprochen, die Körper und Geist gleichermaßen zugute kommen. Der Diamant regt die Energien des Menschen an – und sollte deshalb nachts möglichst nicht getragen werden.

Kein Herz aus Stein

Zu den positiven Eigenschaften typischer Löwe-Geborener gehört vor allem die Herzenswärme, die diese Menschen ausstrahlen, und die emotionale Großzügigkeit. Goldgelb bis Goldbraun wären die farblichen Entsprechungen dieser Qualitäten – sie sind zugleich die Farben des Tigerauges. Das Tigerauge soll zudem Ruhe, Ausgleich und Harmonie bringen und die geistige Aufnahmefähigkeit steigern. Also genau das Richtige für jene Phasen, in denen emotionaler Aufruhr dem Löwen zu schaffen macht.

Immer schön fröhlich bleiben

Für gewöhnlich hat der herzliche Löwe mit schlechter Laune nicht zu kämpfen. Dennoch kann das Lachen schon mal auf der Strecke bleiben, wenn die Verantwortung des Lebens an den Kräften zehrt. Der Citrin ist ein Stein, der sich insbesondere auf die Psyche des Trägers positiv auswirkt. Denn er macht optimistisch. Außerdem stärkt der Citrin die innere Gelassenheit. Da kann kommen, was will, es wird einfach das Beste daraus gemacht. Abgesehen davon gefällt dem Löwen auch die schöne goldgelbe Farbe dieses Steins. Der Citrin kann insbesondere dem Löwen mit einem Erd-Aszendenten – Stier, Jungfrau und Steinbock – gute Dienste leisten. Denn gerade diesem Löwe-Typus kann es an einer lockeren Lebenseinstellung mangeln.

Düfte und Kräuter für den Löwen

Rosmarin ist das Kraut für Dynamische – und für Löwen

Ein an- und aufregender Duft

Der typische Löwe ist anspruchsvoll und großzügig. Sich selbst und anderen gegenüber. Von seinem Duft erwartet er Wärme und Kraft, abgesehen davon, daß der Preis keine Rolle spielt. Kampfer kommt den Löwe-Bedürfnissen durchaus entgegen. Dieser Duft ist zum einen dem Feuerelement zugeordnet, zum anderen ist Kampfer kräftigend, anregend und soll die Nerven stärken.

Das Kraut für Power-Menschen

Dynamisch und kraftvoll wie Löwen nun einmal sind, kann die Energiegrenze gelegentlich überschritten werden. In dem Fall bietet sich Rosmarin an. Ein Kraut, das nicht nur als Gewürz für den Löwen besonders in Frage kommt, sondern auch deshalb, weil es durchblutungsfördernd, körperlich kräftigend ist und die Ausdauer steigern soll.

Rosmarin kann auch als Duftöl verwendet werden – und eine Nase voll stärkt den Lebensmut. Wann immer es einmal nötig sein sollte.

Geist und Körper stärken

Ein Kraut, das in der Küche des typischen Löwen häufiger Anwendung finden und also im Garten wachsen könnte, ist Basilikum, vorzugsweise frisch, aber auch in getrockneter Form. Doch, wie praktisch alle Kräuter, verwöhnt Basilikum nicht nur die Geschmacksnerven, es beinhaltet auch Wirkstoffe, die der Konzentration förderlich sein und geistiger Erschöpfung vorbeugen sollen. Positiven Einfluß soll Basilikum nicht zuletzt auf die Stimmung bzw. Gemütsverfassung haben: es macht freundlich und optimistisch. Das ist der Löwe zwar von Haus aus. Doch selbst Sonnen-Menschen können schließlich mal einen Durchhänger haben – und in einem solchen, wenn auch seltenen Fall einen Fröhlich- und Muntermacher aus der Natur gebrauchen.

Auch Power-Löwen brauchen mal „Stärkung": Basilikum

Keltische Bäume, die Kraft spenden

Sonnen- und lichthungrig wie der Löwe: die Zypresse

Die Zypresse (27.7.–4.8.)

Das Streben nach Klarheit und Unabhängigkeit wird diesem Baum zugeordnet. Denn die Zypresse selbst ist ein sonnen- und lichthungriges Gewächs. Sie ist von schönem, aufrechten Wuchs und hat etwas Feierliches und Majestätisches. Die Zypresse symbolisiert Selbstbewußtsein, aber keinesfalls Egoismus. Für Zypresse-Menschen ist es wichtig, daß sie eigenmächtig entscheiden können und gleichzeitig in Harmonie mit ihrem Umfeld leben. Auch die Suche nach persönlichen und universellen Erkenntnissen kann dieser Baum unterstützen.

Die Pappel (5.–13.8.)

Die Pappel ist schlank, gerade und hoch im Wuchs. Obgleich sie sich mit den Winden der Natur bewegen muß, symbolisiert dieser Baum bei den Kelten Selbstbewußtsein und Aufrichtigkeit. Speziell die August-Dekade ist zudem mit Ehrgeiz und Tatkraft reich gesegnet. Diese Pappel-Menschen stre-

Steht für Selbstbewußtsein und Aufrichtigkeit, die bewegliche Pappel

ben einen wichtigen Platz im Leben an – und erreichen diesen in der Regel auch. Offenheit und Direktheit ist ihnen dabei dienlich, manchmal aber auch Stein des Anstoßes. Etwas Diplomatie könnte hier nicht schaden.

Die Zeder (14.–23.8.)

Kraftvoll und majestätisch stellt sich die Zeder in ihrer optischen Erscheinung dar. Sie war den Kelten Symbol für Widerstandskraft und Lebenswillen. Aber auch geistiges Suchen zeichnet die Zeder-Menschen aus. So vermittelt dieser Baum nicht zuletzt auch Verständnis und Toleranz. Und die Zeder lehrt, wie man über den Dingen stehen kann. Ohne dabei abzuheben oder gar anmaßend zu werden, denn es bedarf dazu innerer Kraft und Stärke. Wenn es an diesen Eigenschaften einmal mangeln sollte, kann eine Meditation unter diesem wunderschönen Baum Wunder wirken.

Die Zeder: kraftvoll, majestetisch und Symbol für Lebenswillen

Die Löwe-Flora

Blumen, die der Löwe mag

Dem „königlichen" Tierkreiszeichen gebührt auch eine königliche Blume: die Rose. Der typische Löwe – mit Aszendent im Widder, Löwen oder Schützen – liebt Rosen in allen Variationen, ganz besonders aber die tief dunkelroten und langstieligen, wie die Baccara. Die Schönheit und Eleganz dieser Blume ist hundertprozentig nach Löwe-Geschmack. Und wenn es sich um duftende Exemplare handelt, was ja meistens der Fall ist, um so besser. Wie auch immer, die Rose ist eine stolze, majestätische, aber auch „stachelige" Blume, die sich vor unerwünschten „Zugriffen" schützt – wie der typische Löwe. Der „luftige" Löwe wird sich vor allem für Kletterrosen begeistern. In jedem Fall darf die Rose im löwe-typischen „Pracht-Garten"

Die üppige Blüte der Sonnenblume gefällt dem Löwen

Ein ideales Paar: die stolze Rose und der stolze Löwe

nicht fehlen. Im übrigen enthält die Rose ätherische Öle, die als Duftessenz ebenso verwendet werden können wie zu Heilzwecken.

Eine andere Lieblingsblume des Löwen, die auch die Vertreter mit einem Wasser-Aszendenten – Krebs, Skorpion und Fische – mögen, ist die Sonnenblume. Diese Sommerblume besticht nicht nur durch ihre Schönheit und kraftvollen Farben, sie ist auch als Nutzpflanze von Wert. Denn die Sonnenblumenkerne sind genießbar und gesund. Und als Ölspender ist diese Pflanze auch hinreichend bekannt. Kurzum, diese Blume ist dekorativer Blickfang eines jeden Löwe-Gartens. Doch wie der Name schon zu verraten scheint, braucht sie einen sonnigen Stand, um gut zu gedeihen und ihre wunderschönen großen, tellerartigen Blüten voll zu entfalten.

Die Chysanteme steht ganz oben in der Blumen-Hitliste

Die Chrysantheme steht in der Blumen-Bestsellerliste der Löwe-Geborenen höchstwahrscheinlich ebenfalls an oberer Stelle. Speziell auch bei jenen, die einen „erdigen" Aszendenten haben – Stier, Jungfrau und Steinbock. Die großen, langlebigen und sehr farbenfrohen Blüten dieser Blume entsprechen der Großzügigkeit und Üppigkeit

Welch eine Blüte! Wunderschön und großartig. Die Magnolie gefällt

dieser Löwe-Spezies sehr genau. Kurzum: Der Löwe-Geborene liebt alles, was üppig blüht und großzügig anmutet wie er selbst. Das gilt nicht nur bei den Blumen, sondern auch bei den Sträuchern.

Sträucher, die dem Löwen gefallen

Dem typischen Löwen – mit Aszendent im Widder, Löwen oder Schützen – gefallen üppig blühende Sträucher am besten. So auch die Magnolie. Kaum, daß der letzte Schnee geschmolzen ist und die ersten wärmenden Sonnenstrahlen den Frühling ankündigen, öffnen sich die wunderschönen zartrosa gefärbten Blüten der Magnolie und verströmen einen angenehmen, aromatischen Duft. Dieser Strauch ist in seiner Blütezeit ein wahrhaft prachtvoller Anblick – und Mittelpunkt des Gartens.

Der Goldregen verwöhnt das Auge des „luftigen" Löwen

Der „luftig" geprägte Löwe – mit Aszendent in Zwillinge, Waage oder Wassermann – findet vermutlich auch am Goldregen Gefallen. Dieser Strauch verwöhnt das Auge und ziert den Garten mit einem herrlich goldgelben Blütenmeer, das aus lauter hängenden Trauben besteht. Der luftbetonte Löwe wird diesen Strauch aber aus dem Grund bevorzugen, weil er wenig Pflege braucht. Doch bei aller Anspruchslosigkeit und Schönheit: Goldregen ist sehr giftig. Von daher ist Vorsicht geboten, wenn Kinder im Garten spielen, denn der Verzehr der Samen kann ausgesprochen schwere Vergiftungserscheinungen hervorrufen.

Hübsch, aber recht empfindlich ist der Oleander. Doch Löwen mit einem Aszendenten im Erd-Element – Stier, Jungfrau und Steinbock – werden dennoch ihre helle Freude an dieser Pflanze haben, die allerdings keinen Frost verträgt und bei uns daher in Kübeln gehalten wird. Der Oleander liebt es sonnig und windgeschützt. Und sobald keine Frostgefahr mehr besteht, kann er im Freien stehen.

Verspielt und lieblich mag es der Löwe mit „wäßriger“ Prägung – Aszendent im Krebs, Skorpion oder Fische. Er könnte sich für Olearia erwärmen, ein strauchförmiges Asterngewächs mit auffälligen Blütenständen, die in dichten, vielverzweigten Rispen stehen und ein wenig an die Gänseblümchen erinnern.

Oleander verlangt Pflege. Kein Problem für den „erdbetonten" Löwen

Bäume, die zum Löwen passen

Der Lorbeerbaum könnte dem Löwen gut gefallen. Seine Blätter duften sehr würzig, und schon die alten Griechen ehrten Sieger und Helden mit einem Lorbeerkranz. Und auch heute noch spielt der Lorbeerbaum auf Staatsempfängen eine wichtige „botanische Rolle". Abgesehen davon sind Lorbeerblätter schon seit jeher als Gewürz bekannt und geschätzt.

Lorbeer war schon immer die richtige Pflanze für Sieger und Gewinner

Aus der Familie der Nadelgehölze stammt die Zeder. Auch dieser Baum, der übrigens eine beachtliche Höhe erreichen kann, wird dem Löwen als Garten-Zierde zusagen. Denn gerade alte Zedernbäume sind mit ihrer weitausladenden und interessant geformten Krone ein „majestätischer" Anblick.

Da der Löwe das Besondere liebt, käme für ihn auch der Fächerblattbaum oder Ginkgo in Frage. Dieser Baum ist nicht nur sehr dekorativ, er ist auch relativ unempfindlich gegen Umweltgifte wie Auto- und Industrieabgase. Wunderschön ist seine goldgelbe Herbstfärbung.

Der Löwe-Garten braucht auch etwas Besonderes. Zum Beispiel Ginko

Obst und Gemüse, das dem Löwen schmeckt

Der typische Löwe – mit Widder-, Löwe- und Schütze-Aszendent – ist ein wahrer Sonnenanbeter. So liebt er auch Obst, das nur unter südlicher Sonne reift. Wie zum Beispiel die Orange. Das saftige Fruchtfleisch und der erfrischende Geschmack überzeugt den Löwen. Darüber hinaus sind Orangen aber auch wichtige Vitamin-C-Spender. Das gilt natürlich auch für die Zitrone. Speziell letztere ist in der Küche unentbehrlich, denn sowohl Saft als auch Schale werden zur Geschmacksverfeinerung vieler Speisen benötigt und verleihen den Gerichten ein raffiniertes Aroma. Nicht zuletzt macht sich die Zitrone aber auch als Dekoration ausgezeichnet.

Löwe-Geborene mit einem Aszendenten aus dem Wasser-Element – also Krebs, Skorpion und Fische – haben sicher eine Vorliebe für exotische Früchte. Die Papaya (auch Baummelone genannt) dürfte den Geschmack dieses Löwe-Typus ziemlich genau treffen. Denn ihr appetitlich aussehendes, rosafarbenes Fruchtfleisch ist recht süßlich. Die äußere Form der Papaya ähnelt der unserer Birne.

Die Frucht des Papayabaums trifft den Löwe-Geschmack

Apropos: Die Birne hat einen lieblichen und süßlichen Geschmack und mundet den Löwen mit Erd-Aszendenten –Stier, Jungfrau und Steinbock – sehr gut. Dieses Obst wächst auch in unseren Gärten, was diesen Löwe-Typus sicherlich überzeugt, da er gern selbst gärtnert und Obst und Gemüse aus eigenem Anbau bevorzugt.

Der „luftige" Löwe mit Aszendent in Zwillinge, Waage und Wassermann erfreut und verwöhnt seine Geschmacksnerven gern mit Nektarinen. Diese pfirsichartige Frucht mit glatter Haut hat saftiges Fruchtfleisch, das frisch und süßlich schmeckt. Aber auch für Kirschen hat der luftbetonte Löwe viel übrig, wenngleich auch eher aus dem Supermarkt denn vom eigenen Kirschbaum.

Das Herz ist das Wichtigste. Beim Löwen und bei der Artischocke

Aus dem großen Gemüsereigen wird sich der typische Löwe sicherlich gern die Artischocke herauspicken. Bei diesem Sprossengemüse handelt es sich sozusagen um eine Riesendistel, die sowohl als Gemüse- als auch als Zierpflanze bezeichnet werden kann. Schon die Ägypter haben die Artischocke als Delikatesse geschätzt, und man sagt ihr aphrodisierende Wirkung nach. Diese schmackhafte Gemüsepflanze gedeiht auch in unseren Gärten. Doch da sie nur bedingt winterfest ist, sollte man im Herbst die Pfahlwurzeln ausgraben und im Keller überwintern lassen.

Die Tomate ist ein Gemüse, das ebenfalls gut zum Löwen paßt und ihm sehr gut zu schmecken scheint (dem „feurigen" wie

Spargel, ein erlesenes Gemüse für den anspruchsvollen Geschmack

auch dem „luftigen" Exemplar). Diese Nutzpflanze mit ihren vitaminreichen und kräftig roten Früchten braucht aber einen geschützten und sonnigen Standort im Garten und einen nährstoffreichen Boden. Möchte der Löwe die Tomate also aus eigenem Anbau genießen, muß er natürlich ein bißchen Geduld und Arbeit für die Pflege dieser Pflanze aufbringen.

Hat der Löwe seinen Aszendenten im Erd-Element – Stier, Jungfrau oder Steinbock –, wird er sich unter anderem für Rotkohl begeistern, der ja auch ohne weiteres in unserem Klima wächst und gedeiht. Rotkohl zählt, ob gekocht oder als Rohkost, zu den gesündesten Gemüsearten, denn er ist reich an Vitamin A_1, B_2, C und E und kann den Speiseplan das ganze Jahr über bereichern. Ein weiterer Vorzug des Rotkohls ist übrigens seine Haltbarkeit. „Sonnen-Menschen" mit einem Luft-Aszendenten – Zwillinge, Waage und Wassermann – lassen sich zum Beispiel Spargel gut schmecken. Dieses delikate Gemüse wächst in Europa schon seit über 2000 Jahren, auch in unseren Gärten. Doch es macht einige Mühe, ihn selbst zu ziehen. Zum Glück kann man ihn kaufen.

Der Mond – ein starker Begleiter

Er bewegt ganze Weltenmeere, bereitet uns schlaflose Nächte und rührt kräftig in unserem Seelenleben. Der Mond prägt unsere Gemütsverfassung – und im übertragenen Sinne auch die jeweilige Tages-Qualität. Da ist es natürlich gut zu wissen, in welchem Tierkreiszeichen sich der Mond gerade befindet, damit wir seinen Einfluß sinnvoll nutzen können.

Tage, an denen der Mond durch den Widder läuft, sind von einer psychischen Dynamik geprägt und heizen die Gemüter der Menschen an. Was könnte man also tun, wenn der Mond im Widder steht? Entscheidungen treffen, neue Projekte in Angriff nehmen, durch Begeisterung überzeugen und ganz allgemein offen, direkt und ehrlich auftreten. Auch sportliche Aktivitäten bieten sich an. Doch Vorsicht: Ungeduld und Unbesonnenheit sind an diesen Tagen auch möglich.

Die persönliche Durchsetzung kann in Rücksichtslosigkeit münden. Und der Kopf ist jetzt der empfindliche Körperteil.

Tage, an denen der Mond durch den Stier wandert, sind von Ruhe, Gemütlichkeit und Besonnenheit geprägt. Da könnte man folgendes tun:
Häuslichkeit pflegen, Gastlichkeit genießen und praktische Dinge in Angriff nehmen, Haushaltspläne aufstellen und sich um Kapitalanlage kümmern. Doch Vorsicht: Beharrlichkeit kann in Sturheit münden, langsame Reaktionen zu „verpaßten Möglichkeiten" führen. Und Bequemlichkeit kann dem Wohlbefinden schaden. Hals und Mandeln sind jetzt die neuralgischen Punkte.

Der Mond – wandelbar, geheimnisvoll und faszinierend

Wenn der Mond die Zwillinge durchquert, braucht die Seele Abwechslung und Kommunikation. Kontaktpflege wird zum inneren Bedürfnis. Was könnte auf dem Programm stehen?

Begünstigt sind kaufmännische Angelegenheiten, Kurzreisen, aber auch Konferenzen. Amüsantes sollte übrigens nicht zu kurz kommen. Doch Vorsicht! Viele Interessen können zu Oberflächlichkeiten führen.

Langfristige Vorhaben sollten jetzt nicht begonnen werden. Und die Nerven flattern schneller als sonst.

Wenn der Mond den Krebs durchläuft, sind die Gemüter besonders empfindsam. Die Phantasie blüht, das Bedürfnis nach seelischer Geborgenheit ist auf dem Höhepunkt. Was ist also zu tun?

Der Familienrat könnte tagen. Reisepläne könnten geschmiedet werden. Kreative Hobbys bieten sich an. Entspannung wirkt sich an Krebs-Mond-Tagen besonders positiv aus. Doch Vorsicht! Die Stimmung ist schwankend, die Gefahr der Beeinflussung groß. Und die Launenhaftigkeit kann sich störend auswirken. Der Magen reagiert empfindlich.

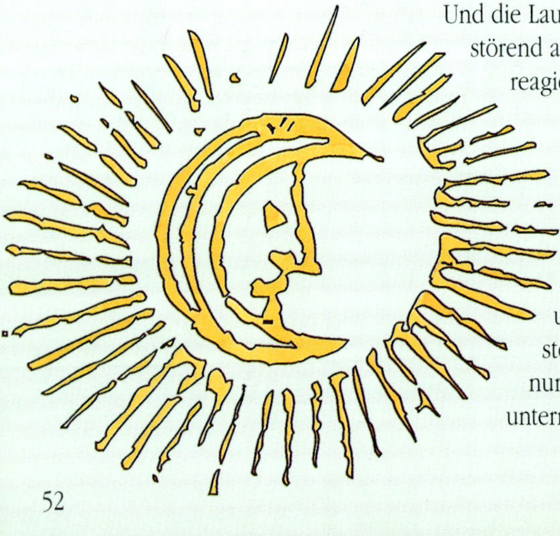

Wenn der Mond im Löwe steht, ist eine selbstbewußte Gemütsverfassung angesagt. Mut, Kraft und Stärke zum Handeln stehen auf der Tagesordnung. Da kann einiges unternommen werden.

Schürt romantische Gefühle: der Vollmond

Vorhaben, die Führungsqualitäten voraussetzen, kreative Tätigkeiten, Entscheidungen treffen. Und alles, was Spiel, Sport und Spannung betrifft. Doch Vorsicht! Ego-Bedürfnisse können ausufern, falscher Stolz zu überheblichen Reaktionen führen. Herz, Rücken und Kreislauf sind körperliche Schwachpunkte.

Der Mond in der Jungfrau verleiht eine vernünftige und kritische Note. Alle Dinge wollen rational gesteuert sein. Die Seele braucht jetzt geordnete Verhältnisse.
Was ist zu tun?
Ordnung schaffen. Pläne systematisch und methodisch umsetzen. Arbeiten, die Präzision erfordern, sind begünstigt. Doch Vorsicht! Gefühle werden derart „kontrolliert“, daß die Herzlichkeit zu kurz kommen kann. Auf Nerven und Verdauungsorgane sollte vorsichtshalber geachtet werden.

An Waage-Mond-Tagen ist das Bedürfnis nach Harmonie stark. Und so ist „die Welt“ an diesen Tagen etwas freundlicher und entgegenkommender. Was also tun?
Schöne Dinge wollen genossen werden. Gesellige Termine dürfen auf dem Programm stehen. Die Seele sollte sich von der Muse küssen lassen. Doch Vorsicht! Diplomatie kann in Anpassung ausarten. Es hapert mit der Durchsetzungskraft. Haut, Nieren und Blase sind störanfällig.

Wenn der Mond im Skorpion steht, reagiert die Seele gereizt, das Bedürfnis nach Durchsetzung schürt Ehrgeiz und Willenskraft. Da ist Vorsicht geboten. Und was noch?

Begünstigt sind anstrengende Arbeiten und sportlicher Wettkampf. Auch die Beschäftigung mit Esoterik. Wichtig ist intensiver (und erotischer) Gefühlsaustausch. Doch Vorsicht! Aufgestaute Gefühle können sich explosionsartig entladen. Ein Ventil muß gefunden werden. Geschlechts- und Ausscheidungsorgane sind die physischen Schwachstellen.

An Schütze-Mond-Tagen geht es idealistisch zu. Man braucht mehr Freiraum und Horizonterweiterung. Da könnte man folgende Aktivitäten einplanen:
Reisen unternehmen, Aussprachen forcieren sowie sportliche Aktivitäten. Auch philosophische Neigungen können gepflegt werden. Doch Vorsicht! Sprunghaftigkeit kann sich negativ auswirken. Und Versprechen werden zwar gegeben, aber nicht immer gehalten. Hüften und Sprunggelenke schonen.

Wenn der Mond im Steinbock steht, ist die Stimmungslage ernst, streng und konzentriert. Zuverlässigkeit, Fleiß und Pflichtgefühl sind ausgeprägt. Und da gibt es viel zu tun.
Budget-Planungen, Immobilien, langfristige Kapitalanlage. Entwicklungen können ehrgeizig vorangetrieben werden. Schwere Arbeiten

fallen jetzt leichter. Doch Vorsicht! Unterdrückte Gefühle werden zur Frustquelle. Depressionen sind möglich. Körperliche Schwachpunkte sind Haut und Knochen, speziell Knie und Gelenke.

Mit Mond im Wassermann blüht die Intuition. Die Gemütsverfassung ist heiter, zuweilen auch rebellisch. Umbruch lautet die Devise. Da könnte man folgendes tun: Gruppenaktivitäten, außergewöhnliche Ideen entwickeln. Vor allem wollen aber auch Freundschaften gepflegt werden. Doch Vorsicht! „Seelische Höhenflüge" finden oft nur in der Theorie statt. Auf Blutdruck und Unterschenkel ist zu achten.

Geheimnisvoll und anziehend, der gute alte Mond

Unterm Fische-Mond reagieren die Gemüter sanfter. Jetzt träumt die Seele von Zärtlichkeit und Romantik. Der Instinkt ist ein guter Ratgeber. Was könnte man also tun? Hilfsbereitschaft praktizieren. Entspannungsübungen und Meditationen bieten sich an. Doch Vorsicht! Man gibt sich gerne Illusionen hin, Gutgläubigkeit kann ausgenutzt werden. Körperlich reagieren speziell die Füße empfindlicher als sonst.

Mond-Tabelle 1997

JANUAR

Mittwoch, 01.01.		ab 03.33 h/Waage
Donnerstag, 02.01.	☾	Waage
Freitag, 03.01.		ab 14.03 h/Skorpion
Samstag, 04.01.		Skorpion
Sonntag, 05.01.		ab 20.28 h/Schütze
Montag, 06.01.		Schütze
Dienstag, 07.01.		ab 22.56 h/Steinbock
Mittwoch, 08.01.		Steinbock
Donnerstag, 09.01.	●	ab 23.01 h/Steinbock
Freitag, 10.01.		Wassermann
Samstag, 11.01.		ab 22.52 h/Fische
Sonntag, 12.01.		Fische
Montag, 13.01.		Fische
Dienstag, 14.01.		ab 00.23 h/Widder
Mittwoch, 15.01.	☽	Widder
Donnerstag, 16.01.		04.41 h/Stier
Freitag, 17.01.		Stier
Samstag, 18.01.		ab 11.54 h/Zwillinge
Sonntag, 19.01.		Zwillinge
Montag, 20.01.		ab 21.30 h/Krebs
Dienstag, 21.01.		Krebs
Mittwoch, 22.01.		Krebs
Donnerstag, 23.01.	○	ab 08.51 h/Löwe
Freitag, 24.01.		Löwe
Samstag, 25.01.		ab 21.27 h/Jungfrau
Sonntag, 26.01.		Jungfrau
Montag, 27.01.		Jungfrau
Dienstag, 28.01.		ab 10.22 h/Waage
Mittwoch, 29.01.		Waage
Donnerstag, 30.01.		ab 21.49 h/Skorpion
Freitag, 31.01.	☾	Skorpion

FEBRUAR

Samstag, 01.02.		Skorpion
Sonntag, 02.02.		ab 05.52 h/Schütze
Montag, 03.02.		Schütze
Dienstag, 04.02.		ab 09.45 h/Steinbock
Mittwoch, 05.02.		Steinbock
Donnerstag, 06.02.		ab 10.22 h/Wassermann
Freitag, 07.02.	●	Wassermann
Samstag, 08.02.		ab 09.35 h/Fische
Sonntag, 09.02.		Fische
Montag, 10.02.		ab 09.30 h/Widder
Dienstag, 11.02.		Widder
Mittwoch, 12.02.		ab 11.57 h/Stier
Donnerstag, 13.02.		Stier
Freitag, 14.02.	☽	ab 17.54 h/Zwillinge
Samstag, 15.02.		Zwillinge
Sonntag, 16.02.		Zwillinge
Montag, 17.02.		ab 03.14 h/Krebs
Dienstag, 18.02.		Krebs
Mittwoch, 19.02.		ab 14.53 h/Löwe
Donnerstag, 20.02.		Löwe
Freitag, 21.02.		Löwe
Samstag, 22.02.	○	ab 03.39 h/Jungfrau
Sonntag, 23.02.		Jungfrau
Montag, 24.02.		ab 16.24 h/Waage
Dienstag, 25.02.		Waage
Mittwoch, 26.02.		Waage
Donnerstag, 27.02.		ab 03.58 h/Skorpion
Freitag, 28.09.		Skorpion

MÄRZ

Samstag, 01.03.		ab 13.02 h/Schütze
Sonntag, 02.03.	☾	Schütze
Montag, 03.03.		ab 18.39 h/Steinbock
Dienstag, 04.03.		Steinbock
Mittwoch, 05.03		ab 20.55 h/Wassermann
Donnerstag, 06.03.		Wassermann
Freitag, 07.03.		ab 20.58 h/Fische
Samstag, 08.03.		Fische
Sonntag, 09.03.	●	(Fische) ab 20.34 h/Widder
Montag, 10.03.		Widder
Dienstag, 11.03.		ab 21.38 h/Stier
Mittwoch, 12.03.		Stier
Donnerstag, 13.03.		Stier

Freitag, 14.03.		ab 00.49 h/Zwillinge
Samstag, 15.03.		Zwillinge
Sonntag, 16.03.		ab 09.52 h/Krebs
Montag, 17.03.	☽	Krebs
Dienstag, 18.03.		ab 21.09 h/Löwe
Mittwoch, 19.03.		Löwe
Donnerstag, 20.03.		Löwe
Freitag, 21.03.		ab 10.00 h/Jungfrau
Samstag, 22.03.		Jungfrau
Sonntag, 23.03.		ab 22.36 h/Waage
Montag, 24.03.		Waage
Dienstag, 25.03.		Waage
Mittwoch, 26.03.		ab 09.43 h/Skorpion
Donnerstag, 27.03.		Skorpion
Freitag, 28.03.		ab 18.41 h/Schütze
Samstag, 29.03.		Schütze
Sonntag, 30.03.		Schütze
Montag, 31.03.	☾	ab 02.08 h/Steinbock

APRIL

Dienstag, 01.04.		Steinbock
Mittwoch, 02.04.		ab 06.00 h/Wassermann
Donnerstag, 03.04.		Wassermann
Freitag, den 04.04.		ab 07.43 h/Fische
Samstag, 05.04.		Fische
Sonntag, 06.04.		ab 08.20 h/Widder
Montag, 07.04.	●	Widder
Dienstag, 08.04.		ab 09.21 h/Stier
Mittwoch, 09.04.		Stier
Donnerstag, 10.04.		ab 12.29 h/Zwillinge
Freitag, 11.04.		Zwillinge
Samstag, 12.04.		ab 19.04 h/Krebs
Sonntag, 13.04.		Krebs
Montag, 14.04.	☽	Krebs
Dienstag, 15.04.		ab 05.23 h/Löwe
Mittwoch, 16.04.		Löwe
Donnerstag, 17.04.		ab 18.01 h/Jungfrau
Freitag, 18.04.		Jungfrau
Samstag, 19.04.		Jungfrau
Sonntag, 20.04.		ab 06.37 h/Waage
Montag, 21.04.		Waage
Dienstag, 22.04.		ab 17.20 h/Skorpion
Mittwoch, 23.04.		Skorpion
Donnerstag, 24.04.		Skorpion
Freitag, 25.04.		ab 01.33 h/Schütze
Samstag, 26.04.		Schütze
Sonntag, 27.04.		ab 07.33 h/Steinbock
Montag, 28.04.		Steinbock
Dienstag, 29.04.		ab 11.51 h/Wassermann
Mittwoch, 30.04.	☾	Wassermann

MAI

Donnerstag, 01.05.		ab 14.51 h/Fische
Freitag, 02.05.		Fische
Samstag, 03.05.		ab 17.00 h/Widder
Sonntag, 04.05.		Widder
Montag, 05.05.		ab 19.05 h/Stier
Dienstag, 06.05.	●	Stier
Mittwoch, 07.05.		ab 22.22 h/Zwillinge
Donnerstag, 08.05.		Zwillinge
Freitag, 09.5.		Zwillinge
Samstag, 10.05.		ab 04.14 h/Krebs
Sonntag, 11.05.		Krebs
Montag, 12.05.		ab 13.34 h/Löwe
Dienstag, 13.05.		Löwe
Mittwoch, 14.05.	☽	Löwe
Donnerstag, 15.05.		ab 01.44 h/Jungfrau
Freitag, 16.05.		Jungfrau
Samstag, 17.05.		ab 14.28 h/Waage
Sonntag, 18.05.		Waage
Montag, 19.05.		Waage
Dienstag, 20.05.		ab 01.13 h/Skorpion
Mittwoch, 21.05.		Skorpion
Donnerstag, 22.05.		ab 08.52 h/Schütze
Freitag, 23.05.		Schütze
Samstag, 24.05.		ab 13.52 h/Steinbock
Sonntag, 25.05.		Steinbock
Montag, 26.05.		ab 17.21 h/Wassermann
Dienstag, 27.05.		Wassermann
Mittwoch, 28.05.		ab 20.19 h/Fische

Mond-Tabelle

Donnerstag, 29.05.	☾	Fische
Freitag, 30.05.		ab 23.19 h/Widder
Samstag, 31.05.		Widder

JUNI

Sonntag, 01.06.		Widder
Montag, 02.06.		ab 02.40 h/Stier
Dienstag, 03.06.		Stier
Mittwoch, 04.06.		ab 06.56 h/Zwillinge
Donnerstag, 05.06.	●	Zwillinge
Freitag, 06.06.		ab 13.03 h/Krebs
Samstag, 07.06.		Krebs
Sonntag, 08.06.		ab 21.59 h/Löwe
Montag, 09.06.		Löwe
Dienstag, 10.06.		Löwe
Mittwoch, 11.06.		ab 09.44 h/Jungfrau
Donnerstag, 12.06.		Jungfrau
Freitag, 13.06.	☽	ab 22.36 h/Waage
Samstag, 14.06.		Waage
Sonntag, 15.06.		Waage
Montag, 16.06.		09.52 h/Skorpion
Dienstag, 17.06.		Skorpion
Mittwoch, 18.06.		ab 17.40 h/Schütze
Donnerstag, 19.06.		Schütze
Freitag, 20.06.		(Schütze) ab 22.03 h/Steinbock
Samstag, 21.06.		Steinbock
Sonntag, 22.06.		Steinbock
Montag, 23.06.		ab 00.21 h/Wassermann
Dienstag, 24.06.		Wassermann
Mittwoch, 25.06.		ab 02.10 h/Fische
Donnerstag, 26.06.		Fische
Freitag, 27.06.	☾	ab 04.40 h/Widder
Samstag, 28.06.		Widder
Sonntag, 29.06.		ab 08.24 h/Stier
Montag, 30.06.		Stier

JULI

Dienstag, 01.07.		ab 13.36 h/Zwillinge
Mittwoch, 02.07.		Zwillinge
Donnerstag, 03.07.		20.34 h/Krebs
Freitag, 04.07	●	Krebs
Samstag, 05.07.		Krebs
Sonntag. 06.07.		ab 05.46 h/Löwe
Montag, 07.07.		Löwe
Dienstag, 08.07.		17.23 h/Jungfrau
Mittwoch, 09.07.		Jungfrau
Donnerstag, 10.07.		Jungfrau
Freitag, 11.07.		ab 06.22 h/Waage
Samstag, 12.07.	☽	Waage
Sonntag, 13.07.		18.21 h/Skorpion
Montag, 14.07.		Skorpion
Dienstag, 15.07.		Skorpion
Mittwoch, 16.07.		ab 03.03 h/Schütze
Donnerstag, 17.07.		Schütze
Freitag, 18.07.		ab 07.46 h/Steinbock
Samstag, 19.07.		Steinbock
Sonntag, 20.07.		(Steinbock) ab 09.3 h/Wassermann
Montag, 21.07.		Wassermann
Dienstag, 22.07.		ab 10.01 h/Fische
Mittwoch, 23.07.		Fische
Donnerstag, 24.07.		ab 11.04 h/Widder
Freitag, 25.07.		Widder
Samstag, 26.07.	☾	ab 13.54 h/Stier
Sonntag, 27.07.		Stier
Montag, 28.07.		ab 19.05 h/Zwillinge
Dienstag, 29.07.		Zwillinge
Mittwoch, 30.07.		Zwillinge
Donnerstag, 31.07.		ab 02.39 h/Krebs

AUGUST

Freitag, 01.08.		Krebs
Samstag, 02.08.		ab 12.28 h/Löwe
Sonntag, 03.08.	●	Löwe
Montag, 04.08.		Löwe
Dienstag, 05.08.		ab 00.16 h/Jungfrau
Mittwoch, 06.08.		Jungfrau
Donnerstag, 07.08.		ab 13.18 h/Waage
Freitag, 08.08.		Waage

Samstag, 09.08.		Waage
Sonntag, 10.08.		ab 01.51 h/Skorpion
Montag, 11.08.	☽	Skorpion
Dienstag, 12.08.		ab 11.46 h/Schütze
Mittwoch, 13.08.		Schütze
Donnerstag, 14.08.		17.43 h/Steinbock
Freitag, 15.08.		Steinbock
Samstag, 16.08.		ab 19.59 h/Wassermann
Sonntag, 17.08.		Wassermann
Montag, 18.08.	○	(Wassermann) ab 20.02 h/Fische
Dienstag, 19.08.		Fische
Mittwoch, 20.08.		ab 19.46 h/Widder
Donnerstag, 21.08.		Widder
Freitag, 22.08.		ab 20.58 h/Stier
Samstag, 23.08.		Stier
Sonntag, 24.08.		Stier
Montag, 25.08.	☽	ab 00.57 h/Zwillinge
Dienstag, 26.08.		Zwillinge
Mittwoch, 27.08.		ab 08.12 h/Krebs
Donnerstag, 28.08.		Krebs
Freitag, 29.08.		ab 18.20 h/Löwe
Samstag, 30.08.		Löwe
Sonntag, 31.08.		Löwe

SEPTEMBER

Montag, 01.09.		ab 06.28 h/Jungfrau
Dienstag, 02.09.	●	Jungfrau
Mittwoch, 03.09.		19.31 h/Waage
Donnerstag, 04.09.		Waage
Freitag, 05.09.		Waage
Samstag, 06.09.		ab 08.11 h/Skorpion
Sonntag, 07.09.		Skorpion
Montag, 08.09.		ab 18.55 h/Schütze
Dienstag, 09.09.		Schütze
Mittwoch, 10.09.	☽	Schütze
Donnerstag, 11.09.		ab 02.24 h/Steinbock
Freitag, 12.09.		Steinbock
Samstag, 13.09.		06.11 h/Wassermann
Sonntag, 14.09.		Wassermann
Montag, 15.09.		ab 07.00 h/Fische
Dienstag, 16.09.	○	Fische
Mittwoch, 17.06.		ab 06.26 h/Widder
Donnerstag, 18.09.		Widder
Freitag, 19.09.		ab 06.22 h/Stier
Samstag, 20.09.		Stier
Sonntag, 21.09.		ab 08.40 h/Zwillinge
Montag, 22.09.		Zwillinge
Dienstag, 23.09.	☾	ab 14.34 h/Krebs
Mittwoch, 24.09.		Krebs
Donnerstag, 25.09.		Krebs
Freitag, 26.09.		ab 00.13 h/Löwe
Samstag, 27.09.		Löwe
Sonntag, 28.09.		ab 12.28 h/Jungfrau
Montag, 29.09.		Jungfrau
Dienstag, 30.09.		Jungfrau

OKTOBER

Mittwoch, 01.10.	●	ab 00.33 h/Waage
Donnerstag, 02.10.		Waage
Freitag, 03.10.		12.58 h/Skorpion
Samstag, 04.10.		Skorpion
Sonntag, 05.10.		ab 23.44 h/Schütze
Montag, 06.10.		Schütze
Dienstag, 07.10.		Schütze
Mittwoch, 08.10.		ab 08.05 h/Steinbock
Donnerstag, 09.10.	☽	Steinbock
Freitag, 10.10.		ab 13.30 h/Wassermann
Samstag, 11.10.		Wassermann
Sonntag, 12.10.		ab 16.00 h/Fische
Montag, 13.10.		Fische
Dienstag, 14.10.		ab 16.26 h/Widder
Mittwoch, 15.10.		Widder
Donnerstag, 16.10.	○	(Widder) ab 16.17 h/Stier
Freitag, 17.10.		Stier
Samstag, 18.10.		ab 17.27 h/Zwillinge
Sonntag, 19.10.		Zwillinge
Montag, 20.10.		ab 21.46 h/Krebs
Dienstag, 21.10.		Krebs